Anthony Gimenez

Rétrospective Poétique

ISBN : 978-2-3225-6169-8

Édition : BoD · Books on Demand, 31 avenue Saint-Rémy, 57600 Forbach, bod@bod.fr
Impression : Libri Plureos GmbH, Friedensallee 273, 22763 Hamburg (Allemagne)

Dépôt légal : janvier 2025

Dans cette nouvelle version de son recueil Rétrospective Poétique, au moment de cette nouvelle publication, Anthony Gimenez, qui est notamment professeur de guitare à domicile en auto-entrepreneur à coté de son travail salarié à temps partiel, qui a été pratiquant amateur de skateboard durant des années, et féru d'arts martiaux, est de surcroît diplomé en archéologie et passionné d'histoire, de philosophie, et de poésie. Sa poésie est teintée d'un espoir contrebalançant un pessimisme affiché sur bien des thèmes qu'il aborde. Aux antipodes des désirs de pérennisation du consensus social actuel en lien avec le mondialisme, les ambitions doctrinaires du profit destructeur, ainsi que les idéaux tyranniques, la puissance de ses vers nous amène à réfléchir et à adopter la meme empathie qu'a cet auteur envers la vie en lien avec la croyance en un ordre divin dévoué au Bien. Ce poète est convaincu que ce n'est qu'en renouant avec les valeurs intemporelles de Vérité, d'Amour, de combat contre le mal, de grandeur, et d'honneur, que l'humanité pourra retrouver son véritable destin.

En plein coeur du mondialisme et de l'exacerbation des desseins tyranniques qui érigent uniformément le monde d'aujourd'hui, il est urgent que des écrits pamphlétaires et discours de vérité se dressent à l'encontre des dérives et cheminements maléfiques tout en redonnant leurs lettres de noblesse aux beaux sentiments.

À travers la poésie (ainsi que l'histoire, la philosophie, et leurs sciences proches), nous pouvons discerner les contours de notre vie et ainsi réfléchir sur ce que nous sommes et ce que nous voulons réellement… Je vous invite donc à considérer cette œuvre comme une lecture rétrospective sur notre société moderne. Cette dernière peut apporter certains avantages, mais elle oublie également des acquis spirituels, naturels et vrais, engendrant ainsi des problèmes sociaux et environnementaux dévastateurs.

N'oublions pas que le bonheur réel doit s'ancrer dans l'indépendance de l'être en communion avec d'autres êtres en quête de Vérités, et que la satisfaction de la jouissance de vie trouve son apogée dans la recherche du Bien en lien avec une spiritualité bienfaitrice et gage de communion des âmes.

Transmettez les vraies valeurs à votre entourage !

L'union fait la force, que le monde change…

Les ombres oubliées

Je me souviens de ce regard meurtris par l'oubli
D'un homme gisant au bord du trottoir d'un quartier bourgeois
D'une femme tendant la main à son prochain pour sa survie
Je me souviens de cette promesse d'égalité à travers la Loi

Au bord d'un immeuble, voyant les gens qui courent pour leur salut
Les mains salies par les erreurs de voyous à col blanc qu'on a tant cru
Au bord d'une allée marchande dans laquelle se vend notre vie
Les habits usés par la salissure de notre hypocrisie

Je me souviens d'une ombre dans cette rue où l'on voit que des songes
D'un homme quittant la réalité et ses besoins essentiels bafoués
D'une femme remerciant la seule âme lui accordant une aide dans l'ombre
Je me souviens d'un froid glaçant les pieds d'un être oublié

Au bord d'un supermarché et des poubelles pleines de pains encore bons
Les cernes traduisant le confort d'un lit de béton
Au bord d'une enseigne qui vante les valeurs de l'humanité
Les ombres que l'on devrait éclairer grâce à la lumière de la fraternité

La Musique

La Musique, ce trait universel créant un langage unique
Qui réunit les esprits et les expériences humaines et empiriques

La Musique, un chemin de sensations et d'évasion immédiate
Qui régit une fraternité au-delà du tragique qui nous frappe

La Musique, un message qui peut paraître anodin mais si vrai
Qui instruit notre réalité mais autrement interprétée

La Musique, un combat contre la nonchalance des mentalités
Qui nourrit sans mensonges des idéaux de liberté et d'égalité

La Musique, cette concrétisation de nos sens les plus fertiles
Qui associe nos valeurs et croyances les plus légitimes

La Musique, un espace de création sans critères inlassables
Qui produit un sentiment souvent inexplicable

La Musique, un remède au quotidien et aux rythmes insensés
Qui guérit plus amplement qu'un confident imposé

La Musique, une véritable définition de l'humanité
Qui lie un espoir commun vers le bonheur et la véritable liberté

AMOURS d'une prochaine vie

Les sentiments tel un précipice
Tu es le courant qui sauva mon corps et mon cœur
L'amour qui m'habite
Rendrait les humains meilleurs

La vie auprès de toi
Ne pourrait exister autrement
Les gens ont perdu le feu de la foi
Il suffit d'une étincelle pour leur rallumer tout doucement

Au fond des Abymes de mon existence
Je vois la réalité comme un fruit d'amour
Seul toi peux m'en faire goûter la magnificence
Nous vivrons dans notre petite étoile pour toujours

Le bien et le mal n'existeront plus
Toutes matières ne seront qu'expansion d'amour
Nous ferons q'un à travers les chemins perdus
Les mauvais mots ne seront pour nous que des bruits sourds

Nos enfants heureux nous verrons grandir
Du haut des montagnes du ciel avec nos aînés aimants

Eux-même pleurant des larmes de joie sans mentir
Coulant en pluie profonde et de bonheur réjouissant

Nous serons bénis d'amour auprès de l'éternel père
Lui qui a su nous transmettre son message d'amour
Une nouvelle naissance auprès de ma mère
Pour lui dire que je l'aimerai au fil des éternels jours

Et toi, ton âme pure et scintillante
Je reposerai à tes côtés ravivant les premiers moments
En me remémorant notre premier baiser
Assis devant une brise et un soleil couchant

Nos deux enveloppes charnelles évanouies
Je vois le reflet de tes yeux dans notre descendance
Deux âmes aimantes s'uniront dans une prochaine vie
En attendant je me réveille à coté de ta magnificence
Je t'aime d'un amour qui perdurera dans l'autre vie...

Fleur meurtrie du destin

Jeune fleur cueillie près des falaises du temps,
Tu rejettes l'amertume de notre passé,
Là où l'orgueil est prédominant
Tu montres la voie des âmes dévouées

Mère de notre futur, garante des sentiments,
Tu rejètes la fatalité de notre destiné
Là où l'espoir est résurgent
Tu montres l'idéologie du destin désavoué

Fidèle servante de nos cœurs espérants
Tu rejettes la quête du pouvoir disabuse
 Là où l'universel est inexistant
Tu montres les valeurs existentielles déshéritées

Compagne pure de l'originel ascendant
Tu rejettes l'oubli de l'altérité
Là où le regard est véhément
Tu montres la vanité de nos espérances inexpliquées

L'oubli de l'autre nous fera également oublier notre propre être...

Les fléaux du coeur

Abjectes signes de l'ignorance
Cœur perdu des sentiments
Méandre espoir du pouvoir d'influence Espoir
humain noyé dans le sang

Irrévocable quête du nouveau monde
Chemin de l'or et du salut éternel
Violence des gestes passés qui nous rongent
Issue fatale et universelle

Passion chaotique du pouvoir
Evanouissement de notre antérieur
Conquête illégitime du prochain savoir
Inconsidéré meurtre de nos frères et sœurs

Mauvaise connaissance de nous-mêmes
Incohérence des échanges humains
Servitude de cette aberration qui nous sème
Méandre des cris de souffrance du lointain

Expansion du monopole déjà acquis
Corruption du patrimoine de notre labeur
Béatitude individuelle menant au pire mépris
Insoutenable acceptation de tels mœurs

L'inconscience de notre égocentrisme et de notre universalité
originelle est notre perdition...

Maman

Ces moments si momentanément vécus
Ton dernier souffle en un instant
M'appris que de ce monde, que tu n'es plus
Tu me manques maman…

Toi,
Qui a été la source de mon sang
Toi,
Qui m'a toujours protégé de mon inconscience
Toi,
Qui m'a toujours porté en ton sein, jusqu'à la fin de ton existence
Toi,
Qui a été la raison des doux moments

Ces moments éternellement graves dans mon coeur
Tes yeux reflétant le plus beau des sentiments
M'extirpant de tous les malheurs
Tu me manques maman…

Toi,
Qui a bercé mes nuits de mauvais rêves
Toi,
Qui m'a guidé vers la voix de la bonté
Toi,
Qui m'a protégé de ta plus grande tendresse
Toi,
Qui a allaité mon être de tes mots tant aimés

Ces moments que seul toi a su réellement adoucir
Ta main dans la mienne à mes premiers pas de vie
Me donnant le meilleur que tu puisses sans faillir
Tu me manques maman…

Toi,
Qui a fait jaillir en moi la flamme de joie
Toi,
Qui m'a si doucement baptisé de ton âme d'amour
Toi,
Qui m'a inculqué les véritables lois
Toi,
Qui a renoncé aux richesses du monde pour moi

Ces moments du passé à tes cotés
Tes moindres traits qui sont les miens
M'arpentent chaque instant avec des larmes coulées
Tu me manque Maman…

Toi,
Qui a tant donné pour tracer mon long chemin
Toi,
Qui m'a jadis élevé vers les plus hauts cieux

Toi,
Qui m'a aimé et porté avec ses jeunes mains
Toi,
Qui a vieilli et marché sur la contrée de dieu

J'aurais voulu tellement te dire je t'aime…Maman…

L'Égypte

Plus haute que ses Pyramides encore ivres de labeurs
Voici un pays merveilleux bordé par un courant vivificateur

Plus douce que le sable commun de nos plages reposant nos bras
Véritablement éclairée par la splendeur de Ra

Plus lointaine que le royaume d'Osiris
Voici une contrée qui émerveille les sens de notre Iris

Plus Mythique que l'originel Atoûm
Véritablement créateur de cette inéluctable Noût

Plus Ascendante que le soleil à son apogée
Voici un lieu en toute intemporalité

Plus Mystérieuse que les terribles desseins de Seth
Véritablement contrôlé par les principes du MÂAT ancrés en terre

Plus Puissante que le dignitaire et magnifique Horus
Voici le père de tous les pharaons autrefois protégés par l'uræus

Plus certaine que le paradis des mortels Occidentaux
Véritablement reconstitué par Anubis, mon corps renaît aussitôt…

L'espoir

Cette sensation qui fait surgir notre force cachée
Qui guide notre volonté et la rend insubmersible
Ce sentiment qui réalise les événements impossibles
Qui garde notre conscience de nos démons les plus dissimulés

Voilà ce jour où je pris en main notre destin
Celui dont naîtra un monde plus humain et sans faim
Voilà ce combattant qui ébranla l'injustice des politiques
Celui qui stigmatisé fit taire le mensonge et éradiquer la famine

Cette émotion qui fait pâlir les obstacles
Qui guide notre ascension vers le but ultime
Ce moment où tout devient réellement possible
Qui surpasse nos pensées lorsqu'elles déraillent

Voilà ce jour où je vis la concrétisation de mes rêves
Celui dont naîtra le monde que tous les humains espèrent
Voilà ce héros qui transposera les utopies en réalité
Celui qui avec courage et sans peur avancera vers sa destinée…

Oubli existentiel

L'expérience n'est pas une excuse
Là où le mensonge corrompt notre âme
Ces mots et injustices me tourmentent
 Le véritable crime de l'oubli est infâme

Notre passé dénigré et calciné
Lâchement évaporé à travers les hauteurs financières
Certains cœurs intacts peuvent le sauver Entendez
les cris muets de nos frères

Les vraies valeurs noyées dans le puit de la cupidité
Là où les contrastes sont accablants
Cette minorité d'hommes puissants et "excusés"
Les individualistes créateurs de notre modernité sont menaçants

Notre spiritualité évanouie dans la pénombre des fumées
L'Antique conception de l'égalité des êtres
N'est point notre légitime héritage
Extirpez l'ennemi de nos origines bafouées

Mes frères et soeurs, reconnaissez vos liens inébranlables et rejetez
cet endoctrinement destructeur…

Le berceau de l'humanité

Comment oublier aussi cruellement notre terre mere
Celle qui fut l'origine de nos premiers pas et regards
Celle que nous imposons dans l'oubli et la faim sans égards
Comment se regarder en face en acceptant cette misère

Pourquoi sommes-nous ignorants des vrais malheurs
Ceux qui brûlent constamment nos racines
Ceux qui salissent implacablement nos origines
Pourquoi acceptons-nous cette détresse du corps et du cœur

Comment délaisser aussi consciemment notre mère semblable
Celle qui a porté et allaité notre ancêtre originel
Celle que nous réduisons en esclavage perpétuel
Comment cautionner que les discours soient aussi vagues

Pourquoi sommes-nous absents envers nos frères et sœurs
Ceux qui partagent notre origine sur leurs mains
Ceux qui donnent mais ne reçoivent rien
Pourquoi tolérons-nous ces faiseurs de lois sans cœur

Destin épique

Là où le temps n'a pas la même valeur
Vers une contrée mystérieuse, je trace mon chemin avec ardeur

Là où les licornes et dragons illuminent et enflamment
Vers un nouveau monde, je quitte le mien sans pensée triste

Là où le combat contre le mal est omniprésent
Vers cet honneur, j'avance avec courage en versant mon sang

Là où les sortilèges et l'amour façonnent un nouvel homme
Vers cette reconquête de mon être, je m'abandonne

Là où le pouvoir se mérite avec la pureté du cœur
Vers ces épreuves incommensurables, je recherche les vraies valeurs

Là où les tyrans et la cruauté font rage
Vers ce combat, je les détruirai avec un esprit sage

Là où le genre humain ne fait pas semblant
Vers ce pays magique, je rejette l'ancien monde qui ment

Là où les émotions ravivent les pensées symboliques et mystiques
Vers cette transcendance, je me crée un destin épique…

Eternel recommencement

Vivre le moment en sachant qu'il revient aussitôt
Celui d'un caractère et but que seule l'humanité recherche
Mais ce faux bonheur amène le malheur de notre terre
Changer la fatalité financière il nous faut

Vivre nos erreurs comme des évènements anodins
Ceux qui entraînent la recrudescence du passé
Mais je vois un espoir sommeillant les marginalisés
Ceux qui oeuvrent pour éradiquer la blessure du cœur et la faim

Vivre l'endoctrinement d'une minorité impartiale
Celui qui conduit notre esprit à un mensonge réducteur
Mais je combattrai avec les miens sans peur
Ceux qui oppriment indirectement avec une cruauté sans faille

Vivre cet éternel recommencement imposé
Celui qui détruit la spiritualité de notre espèce
Mais je préfère mourir libre qu'être leur esclave
Ceux qui détruisent et mentent sont mes ennemis pour l'éternité…

Éveil guerrier

A l'aube du temps des héros mythiques
Dans la traversée des paysages envoûtants
Partagé entre l'amour et une quête éponyme
La mort n'était qu'une illusion du vivant

Réveillé par la fraîcheur du matin
Je parcours ce long chemin sans retourner ma monture
Déjà fût le jour du plus grand des malheurs
J'abrégerai ces meurtriers qui torturent

Au fil des coups d'épée et combats pour la vie
Dans le même but qui arpente mes souvenirs
Partagé entre la vengeance et l'oubli
La mort de mes proches qui me fait autant souffrir

Rare sont les êtres qui nous sont si fidèles
J'avance avec cette force qui guide ma volonté
Dans cette quête qui me signifie et m'obsède
Je recherche l'apaisement de mon âme et de ceux que j'ai aimé

Comme la nature majestueuse et envoûtante, je me réveille le matin
avec ce sentiment de combattre, comme le véritable guerrier, pour
la vie…

La croisière de notre vie

Naviguant avec pour seule pensée, celle de l'amour
Un voyage où mon regard n'a cessé de croiser le tien
Un voyage où je ne cessais de serrer ta main
Et dont je n'oublierai jamais nos promenades sur cette longue cour

Cette croisière, qui nous permi de fuir le quotidien trop long
Au bout de notre parcours, nous ne l'espérions guère
Au bout de cet insubmersible, nous pouvions vivre notre passion
Mais je pus lire sur tes yeux et ton visage que ce fut la dernière

Naviguant avec pour seule idée, celle de l'amour
Une traversée qui fut celle vers le paradis pour toi
Une traversée qui fut un bonheur et un déchirement pour moi
Et dont je sais que ton esprit m'attend sur ce lieu pour toujours

Cette croisière, qui nous rapprocha davantage que la première fois
Au bout de ce séjour, nous sentions la musique de ton cœur s'éteindre
Au bout de la nuit, je chanterai avec le mien notre amour en pensant à toi
Mais je sus que c'était notre dernière croisière jusqu'à notre prochaine vie

La Nature

Celle-ci qui un jour nous permis de tenir debout et différent
La nature telle qu'elle fut, aujourd'hui n'est plus
Celle-ci qui chaque jour est meurtrie par notre quête insensée d'argent
La nature originelle et magnifique, aujourd'hui n'est plus

Nous,
ses enfants qui commettons des gestes matricides envers notre aînée
Nous,
ses enfants qui ne prenons pas le temps de la remercier au quotidien
Nous,
ses enfants qui détruisons les espèces qui nous ont précédées
Nous,
ses enfants qui rejetons ses appels pour retisser les liens

Celle-ci qui émerveilla les plus honnêtes et humanistes des artistes
La nature telle qu'elle devrait être, aujourd'hui n'est plus
Celle-ci qui apaise notre caractère et redonne du bonheur aux plus tristes
La nature aussi fleurie et fertile, aujourd'hui n'est plus

Nous,
ses enfants qui préférons nos voitures à ses chemins apaisants
Nous,
ses enfants qui polluons la source de notre propre existence
Nous,
ses enfants qui bafouons notre créatrice à tous les instants
Nous,
ses enfants qui devons rétablir une nouvelle conscience

Nous les hommes, nous ne sommes que des hommes, mais la nature est
notre mère, elle mérite donc que nous la respections…

La richesse du cœur

Pauvre matériellement, mais riche de l'âme
Je refuse cette grande et amère richesse qui tue mes semblables
Je refuse cette arrogance liée au pouvoir suprême sur les miens
Pauvre financièrement, nourrir ma famille est mon honneur quotidien

Riche émotionnellement, mais pauvre en méchanceté
Je préserve le bonheur de mes grands et petits enfants tant aimés
Je préserve un lien indestructible à la nature et notre terre
Riche amoureusement, chérir ma femme est ma joie entière

Pauvre continuellement, mais riche de caractère
Je refuse cette soif d'argent qui damne notre vie éphémère
Je refuse cette faim de pouvoir qui nous fait souffrir
Pauvre influent, secourir mon prochain est mon plus noble désir

Riche humblement, mais pauvre en corruptibilité
Je préserve le patrimoine de la fraternité
Je préserve les valeurs qui tendent à n'être que des souvenirs
Riche du cœur, salir les autres n'est pas mon avenir…

La timidité

Derrière ce voile incompris par le commun des mortels
Une magnificence d'esprit qui grandit en silence
Une gentillesse qui agit en toute circonstance
Derrière ce bouclier invisible défendant un idéal éternel

Ce caractère qui promet sans fausse loyauté
Cette bonté et générosité qui l'élèveront au dessus des esprits perfides
Cette expression sincère qui redonne la joie et le sourire
Ce caractère qui combat courageusement la méchanceté

Derrière ce visage dénigré par l'arrogance
Une conscience qui anéantit toute manipulation
Une force qui surpasse les aberrations
Derrière ce regard qui inspire la confiance

Ce caractère qui donne sans rien demander en retour
Cette volonté qui affronte tous les préjugés
Cette expression sincère qui réchauffe le cœur de la pauvreté
Ce caractère qui combat les malfaiteurs agissant du haut de leurs tours…

L'Amour d'un soir

Envers et contre tout pouvoir destructeur
L'amour régissant les gestes et paroles
Et meurtri par cet obstacle qui nous ronge
Mais cette rencontre extirpa mon malheur

Nos pas guidés par la brise qui effleure nos lèvres
Cette sensation qui ne surgit qu'une seule fois
Vers ce nectar de bonheur sans hésitation que je bois
Abandonné dans tes bras j'oublie l'éphémère

Envers les aléas mensongers et ces rancœurs
La passion d'un soir qui anéantit tout de ce monde
Et derrière ces yeux qui me noient et mes sens qui fondent
Mais je destine notre relation plus courte sans peur

Nos destins qui poursuivent leur issues incertaines
Ces sentiments puissants qui détruisent les lois
Vers ce destin court mais qui n'est qu'une fois
Abandonné dans tes bras j'oublie les choses malsaines…

L'Artiste

L'artiste, celui qui voit le monde différemment
Ce personnage qui a transmis la spiritualité de nos ancêtres
Ce personnage qui nous transporte dans un passé pourtant si récent
L'artiste, comme Monet ou Degas, ressent la nature et l'éphémère

À travers une pensée originale et heureuse qui s'accomplit
Qui donne au commun des mortels un épanouissement durable
Qui sculpte une statue mythique comme Phidias au sanctuaire d'Olympie
À travers une pensée symbolique qui défit les limites du réalisable

L'Artiste, celui qui exprime avec honnêteté la réalité de son temps
Ce personnage qui a su apporter des conceptions nouvelles
Ce personnage qui fut un vrai moralisateur tel un peintre flamand
L'Artiste, celui qui proclame la liberté à chacun de ses gestes

À travers un message qui nous est intemporellement destiné
Qui transmet une leçon de moralité et de réflexion véritablement humaine
Qui s'attache d'un devoir de proclamation de la vérité
À travers un message que seul ses semblables comprennent...

Le combat pour la vie

Chaque jour où les premières lueurs éclairent notre destin
Celles-ci qui nous poussent à aller toujours plus loin
Celles-ci qui nous poussent à résister face aux tragédies
Mais je ne cesserai jamais de combattre les ennemis de la vie

Envers toutes les critiques et alliances contre mes objectifs
Je surpasserai dans la richesse ou la pauvreté tous ces êtres excessifs
Je suivrai le chemin de la raison et de la pensée salutaire
Mais je n'oublierai jamais mes aînés et ceux qu'on a fit taire

Chaque jour où les regards seront craintifs et oubliés
Ceux-ci qui guideront la victoire contre la corruptibilité
Ceux-ci qui guideront la marche contre l'hypocrisie destructrice
Mais je garderai un espoir dénué de pouvoir et d'ambitions tyranniques

Envers toutes les fausses promesses et paroles mensongères
Je construirai un monde nouveau sans bonheur éphémère
Je rejetterai toute personne instruisant l'individualisme
Mais je proclamerai ce combat pour la vie et contre l'utopisme…

Le courage

Est courageux, celui qui défend ses proches sans peur
Un homme qui donnera sa vie pour une juste cause
Une femme qui défendra son enfant contre tous les malheurs
Et cet attribut s'élèvera bien plus haut que tous les symboles

Ce trait caractériel qui ne dément jamais son protagoniste
Plus grand que la lâcheté qui opprime notre liberté
Plus puissant que les hordes nombreuses qui nous endoctrinent
Mais dont il faut cultiver sa graine dans notre vie tachée

Est courageux, celui qui se dresse seul contre un grand nombre
Un homme qui détruira l'incommensurable pouvoir de l'oppression
Une femme qui rétablira la lumière dans la plus profonde des ombres
Et cet attribut érigera un royaume sans aucune marginalisation

Ce sentiment qui réhabilitera nos droits naturels et immuables
Plus fort que la main armée d'un tortionnaire avide et cruel
Plus transcendant que les paroles des ces hauts sièges implacables
Mais dont je perçois l'émergence dans un futur réel…

Le désir du cœur

Cette envie qui crée chez nous le bonheur
Mais dont le pouvoir immense peut être démesuré
Cette puissance qui émane du cœur
Qui franchit les barrières les mieux gardées

Sa particularité qui fait ce qu'il est
Celle d'un désir plus haut que le plus vil des hommes mauvais
Bien plus fort que la méchanceté et la haine
Et qui redonne le courage lors d'une issue incertaine

Cette envie qui éclaire le plus pur des chemins des futurs anges
Mais dont le pouvoir élabore les destins exceptionnels
Cette puissance qui peut paraître étrange
Qui exprime la singularité de notre caractère originel

Sa particularité qui le signifie
Celle d'un désir plus emblématique que les plus honorables vies
Bien plus fort que la vanité et le qualificatif amer de l'argent
Et qui redonne le courage d'affronter les pires moments.

Le mensonge

Un habitus si caractéristique du genre humain
Ce mot à lui seul qui résume tant de circonstances tragiques
Ce mot à lui seul qui pourrait signifier notre fin
Un échappatoire pour les lâches, rois des infâmes critiques

Ce trait de notre personnalité qui ronge notre conscience
Mais dont l'ancrage est encore plus enraciné
Cette fatalité qui consume nos liens fragiles rattachés à l'espérance
Mais dont le cœur honnête et bon de certains arrive à éloigner

Un poids qui nous submerge lorsqu'il est omniprésent
Ce mot à lui seul qui anéantit l'amour entre deux êtres
Ce mot à lui seul qui fut l'origine des pires événements
Un stratagème de la cupidité de certains énergumènes

Ce moyen indispensable pour les hauts dignitaires du contrôle
Mais dont le pouvoir n'égalera jamais un cœur pur et détaché
Cette aberration qui prit un chemin différent de notre aube
Mais dont ses enjeux néfastes doivent être embrasés

L'écoulement du temps

Tel le ciel rempli d'étoiles, il est infini
Cette subjectivité qui définit objectivement notre vie
Tel le véritable amour, il est éternel
Cette conception qui nous pousse à profiter des moments inhabituels

Mais tout en étant long comme éphémère
Il amène à considérer les sourires et la tendresse de notre mère
Mais tout en étant insaisissable et fragile
Il conduit notre destin vers des ambitions parfois trop insensibles

Tel un cheval sauvage et galopant, il est indomptable
Cet aspect régissant notre vie mais qui la rend si incontrôlable
Tel un événement tragique, il est imposé
Cette définition qui nous pousse à profiter de ces jours derniers

Mais tout en étant abordable et insignifiant
Il échappe au bon vouloir des hommes tout en l'utilisant
Mais tout en étant craint et apprécié
Il incorpore un sens à la raison pour laquelle nous sommes nés…

Légitime justice

Anéanti au plus profond de mon être
Mais juste et droit jusqu'aux limites de mes pensées
Amené à ôter une vie qui détruit volontairement les autres sans malaise
Mais je défis les lois de ceux qui pardonnent ces esprits mauvais

Dans ce choix d'un père qui pleure ses enfants et sa femme
Ce vide qui laisse place à la colère et à la haine
Cette véritable loi naturelle et immuable qui surpasse nos juges
Dans cette quête qui sauvera les vivants de ses pensées malsaines

Absorbé inexorablement dans cette tempête qui ravage mon cœur
Mais submergé par les souvenirs de ce bonheur évanoui
Amené à commettre un geste fatal pour nos « bienfaiteurs »
Mais je défis tout homme qui détruira la rédemption de mon esprit

Dans ce choix d'un père qui lave l'âme souillée de sa famille
Ce destin tragique qui assombrit l'honneur d'un homme
Cette véritable justice qui signifie notre être dénué de sens utopique
Dans cette quête qui rétablira ce que nous sommes …

Les âmes déchues

Au fin fond du néant où règnent les âmes tourmentées
Celles qui érigèrent notre monde plus haut que ce qu'il fut destiné

À la frontière de notre conscience et absolution
Celle qui anéantit toute idée et dérision

Au fil des éternels et sombres jours qui purifient tous leurs crimes
Ceux qui instaurèrent la fatalité de leur cœur insensible

À la limite du possible et de l'inconcevable décision
Celle qui fit le destin de ces âmes en perdition

Au sommet des dirigeants de ces guerres damnées
Ceux qui décidèrent du sort de leurs congénères dévoués

À la finalité de leurs idéologies et injustes conceptions
Celles qui furent l'abjecte profit de ces hommes sans raison

Au détriment des récits et expériences vécus et crédibles
Ceux qui signifièrent la sagesse d'une minorité au cœur héroïque

À la désillusion d'un avenir vers l'ascension
Celle qui régira un retour à notre source sans fausse illusion…

Les souvenirs

Certains qui blessent, d'autres qui donnent le sourire
Dans les plus anciens se trouvent notre origine
Mon plus beau n'est pas encore vécu
Et je refuse mon avenir tel qui m'est parvenu

Pour mes souvenirs, je concevrai notre prochain monde
Celui d'un véritable bonheur auquel l'humanité songe
Sagesse et humilité surpasseront l'amertume de l'argent
Pour que disparaissent la souffrance et l'odeur du sang

Certains qui torturent, d'autres qui émerveillent notre vie
Dans les plus proches se trouvent la réponse de nos soucis
Mon plus horrible ne rendra pas mon existence amère
Et je refuse l'inexorable avenir qui détruit la terre

Pour mes souvenirs, je détruirai l'ennemi qui me hante
Celui d'un clan auquel l'humanité confit son existence
Sincérité et harmonie signifieront ce nouvel avenir
Pour que disparaisse la douleur de mes souvenirs…

L'espérance

Cette longue route vers un bonheur incertain
Là où nous oublions le moment présent et nos proches
Là où nous créons de la technologie pour délaisser nos mains
Mais nous commettons une erreur envers la vie, bientôt morte

Dans un avenir toujours aussi imprévisible
Pourquoi rechercher un bonheur toujours plus inaccessible
Pourquoi rechercher un but qui devient progressivement une misère
Dans un monde où l'épanouissement est loin des anciens sédentaires

Cette longue chevauchée actuelle dénuée de vies pures et simples
Là où nous omettons de remercier nos chers parents
Là où nous échangeons une mort heureuse contre une vieillesse éteinte
Mais nous salissons implacablement la couleur de notre sang

Dans un espace vital toujours plus réduit à quelques mètres
Pourquoi renoncer à cette liberté que la nature nous cède
Pourquoi renoncer à cette fraternité que l'on espère fièrement
Dans un monde où l'on espère éternellement…

L'histoire de l'âme

Cette chose impalpable qui façonne chaque songe
Chaque caractère qu'elle fait vivre pour qu'il soit éternel
Cette pureté qu'on se voit confier comme un enfant à sa mère
Chaque moment où nos gestes traduisent notre être naturel

Avoir agit autrement, une question maintes fois posée
Pourtant, elle demeure insidieusement dans notre esprit torturé
Avoir agit autrement, une obsession de l'âme recherchant sa béatitude
Pourtant, elle s'immerge ainsi dans sa propre servitude

Cette lumière qui jaillit chez tous les êtres doués de sentiments
Chaque regard qu'on croise avec l'étincelle de vie
Cette puissance qui dépasse le malheur là où il s'abat et ment
Chaque événement que nous relatons lorsque nous sommes endormis

Avoir agit autrement, un penchant spontané pour la rétrospective
Pourtant, elle ne tolère pas les fausses doctrines
Avoir agit autrement, l'âme gouverne tous ces jours qui mènent à la mort
Pourtant, mon âme oubli et emprunte le plus doux des transports…

L'intelligence

Cet aspect incluant une diversité de conceptions
Mais dont la concrétisation peut arborer de la destruction

Cette possession de l'être humain qui dévoile plusieurs formes
Mais dont certaines ne devraient pas habiter l'homme

Un territoire plus dangereux que nos plus vastes déserts et contrées
Mais dont nous devons nous méfier pour notre pérennité

Une origine irréfléchie aux désastres des armes de masses
Mais dont la plus légitime intelligence fut détournée de sa place

Cet ensemble moderne qui promulgue l'adoration du confort spontané
Mais dont la minorité accepte l'accablante décadence de la majorité

Cette partie de nous-mêmes que nous ne maîtrisons nullement
Mais dont son étendue commet des ravages consternants

Un mot qui définit réellement les plus humanistes
Mais dont sa vérité n'atteint jamais les plus pessimistes

Une réalité infuse de notre esprit et de notre conscience
Mais dont la perception réelle n'est pas encore notre véritable science…

Ma Femme

Ma Femme, celle qui fait partie de moi
Dont les rides n'ont pas atténué la beauté
Plus douce encore que le soleil lors des lueurs d'été
Et qui enlace mes moments en dehors du froid

Ma Femme, celle qui est ma raison de vivre
Dont je ne pourrai effacer son regard sans mourir
Plus belle que ces déesses dont le pouvoir fait souffrir
Et qui embrasse notre enfant avec sa mine majestueuse et fine

Ma Femme, celle qui intègre mes pensées pour l'éternité
Dont les bras ont été mon espace vital
Plus gentille que les anges dénués de tout mal
Et qui embrase mes peurs avec ses mots si attentionnés

Ma Femme, celle qui émane les traits de notre descendance sage
Dont le visage portant mes choix est si rayonnant
Plus hypnotisante que le plus troublant des océans
Et qui joindra sa main à la mienne vers le grand voyage…

Mon Père

Cet homme droit qui suivit le destin guidé par son cœur
Signifié par un caractère humble et mystérieux
Dont les paroles rares n'exprimaient que les vraies valeurs
Et dénué d'arrogance et d'avarice ravageant notre terre et ses lieux

Eternellement en lien avec la nature
Déjà fut le jour de notre ressemblance et différence générationnelle
Mais au fond de moi-même, je retrouve notre fraternité sans amertume
Et avec honneur, tu iras rejoindre ceux qui ont préservé notre âme belle

Cet homme qui aima discrètement et tendrement ses enfants et sa femme
Signifié par un amour invisible mais indestructible
Dont le sacrifice constant n'a d'égal que la pureté de son âme
Et dénué de méchanceté véritable et pensées horribles

Eternellement lui-même par sa simplicité
Déjà fut le jour de l'éloignement de nos pensées et de nos mains
Mais au fond de moi même, je regrette notre conflit insensé
Et avec honneur, j'arbore ton nom et tes traits qui sont les miens…

Quête Antique

Vu à travers le regard omniscient et légendaire d'Apollon
Ma quête est tracée selon sa trajectoire infaillible
Et par celle d'un dieu et sa foudre qui anéantit la dérision
Mais qui guide ma destinée, tel Hermès le Messager impassible

Combattant les Cyclopes et monstres qui horrifient
Mes blessures soignées par les mains douces de Calypso
Et troublé par son charme éternel et immuable qui m'envahit
Mais grâce à Aphrodite, je peux entendre ma famille et leurs mots

Mon désir d'aboutir est aussi brûlant que le Grand Héphaïstos
Je ne succombe pas à l'oubli, j'avance au rythme des vagues de Poséidon
Et mon épée pourfendra les ennemis de mes dieux, plus loin que Cnossos
Mais je sèmerai avec Déméter, l'esprit de mon peuple avec des libations

Tel Athéna, celle qui fut la mère de la cité éponyme
Je rejette la souillure qui brûlerait mon être jusqu'aux hauts cieux
Et sur le chemin du retour, je nommerai Artémis et sa nature protectrice
Mais sur l'autel, j'affirmerai le lien inébranlable à nos dieux

Renaissance océanique

Dans les profondeurs imperceptibles de cette couleur troublante
J'entends la plus douce des mélodies si apaisante

Dans l'immensité infinie de cette mère qui fit jaillir la vie
Je laisse mon corps ne faire plus qu'un avec mon esprit

Dans la diversité de ces espèces et silhouettes verdies et agiles
Je sillonne un espace vierge de toute idylle

Dans la vérité de ce lieu submergeant mes pensées sans questions
Je discerne des cris lointains qui recherchent l'apaisement des fonds

Dans le royaume le plus vaste que la terre ait jamais porté
J'entends le passage inquiétant mais sincère des rois carnassiers

Dans le tourbillon de cette agitation et le lien à notre propre caractère
J'aperçois nos esprits transparents et épanouis sans enveloppes charnelles

Dans les yeux des dauphins ainsi que des baleines sages
Je vois une tristesse due à nos quotidiennes et criminelles tâches

Dans la béatitude tant recherchée par nous autres les humains
Je renaîtrai dans cette contrée bleutée sans penser au lendemain…

Résurrection

Ce jour tant attendu où tout deviendra possible
Quand tous les faux discours seront noyés dans les Abysses
Ce jour tant espéré où l'esprit humain trouvera sa liberté
Quand les contrastes de vie seront enfin du passé

À la lueur d'un matin où le courage vaincra l'injustice
Bien plus fort que les mains armées des ces hommes insensibles
À la tombée de la nuit où l'héritage de nos ancêtres lointains revivra
Bien plus grand que l'endoctrinement collectif qui nous consuma

Ce jour tant attendu où les hommes de la terre seront respectés
Quand tous les faux discours seront définitivement rejetés
Ce jour tant rêvé où l'évolution suivra un chemin réfléchi
Quand notre esprit communiera avec la nature qui nous nourrit

À la lueur d'un matin où la technologie sera un aspect anodin de la vie
Bien plus forte que ces faux créateurs qui standardisent nos envies
À la tombée de la nuit où la vérité détruira ce long mensonge
Bien plus puissante et légitime lors de la résurrection de ce monde…

Sa naissance

Un jour qui n'a lieu qu'une fois
Celui où j'ai brandi celui qui concrétisera l'espoir qui m'habite
Celui qui serra ma main de ses petits doigts fragiles
Un jour qui changea les conceptions de ma propre foi

Son visage apparant plus brillamment qu'un rayon éphémère
Qui fit jaillir les larmes joyeuses et uniques
Qui fit chavirer mon cœur et adoucir mes sens plus loin qu'une idylle
Son visage arborant la même gentillesse que sa mère

Un jour qui restera le plus beau de ma vie
Celui où j'ai fait la promesse de protéger cet enfant
Celui qui changera les pensées de notre peuple décadant
Un jour où l'aube de la victoire éclairera ses yeux sans perfidie

Son visage grandissant toujours avec cet espoir
Qui franchira les obstacles de la vanité
Qui anéantira les frontières de la créativité
Son visage qui sera ma dernière vision lors de mon dernier soir

L'injustice

Un mot qui embrase éternellement l'âme des plus démunis
Son absence qui signifierait un monde meilleur
Sa présence qui remplace le bonheur par le malheur
Un mot qui n'a plus lieu de perdurer aujourd'hui

Plus existentiel que ces jours emprunts de sérénité
Cette aberration éperdument liée à notre chère humanité
Cette consternation constamment associée à notre soif de pouvoir
Plus existentiel que ces nuits où tout arbore la couleur du noir

Un mot qui anéantit implacablement nos rêves
Son absence qui achèverait cette si longue mélancolie
Sa présence qui menace la plénitude de bien des vies
Un mot qui réjouit la vocation des malfaiteurs de cette terre

Plus existentiel que ces jours prompts à la spiritualité
Cette oppression inéluctablement liée à notre évolution inconsidérée
Cette négation indubitablement rattachée à nos gigantesques désirs
Plus existentiel que ces nuits où je détruirai ce qui nous fait souffrir…

En Chemin

Sur les pas incertains de mon destin
Je traverse une nuée de regards désenchantés
Miroitant des mirages éblouissant comme de l'airain
Ils se perdent dans l'abysse à peine révélé

L'omniscience cosmique révélant la pureté onirique
Subjuguant l'âme la plus sensible
Volonté d'arpenter la voie de la connaissance
Je laisse vagabonder les sens au delà de l'espérance

Sentiers de la perdition, ou voies de la réussite
Ils ont imposé un prix aux millénaires de naturalité
Ordonnant un chaos afin de construire des abîmes
Résister est le devoir ultime de l'être éveillé

Ho qu'elle est belle cette séductrice fée
Et lui ce gaillard géant arborant son étendard azur
Ces deux orgueils portant une tunique entachée
Je les vois sombrer, et s'élever enfin l'âme au-dessus du mur

L'aiguille du pouvoir

Piquant tout bras dénudé l'espérant comme une salvation
Elle a causé tant de divisions
Elle a rassuré les uns et détruit les autres
Produisant des destinées mortes

Soumettant à son diktat toute une masse de soumis
Elle a pérennisé les projets des élites sataniques
Elle a légitimé toutes les pensées tyranniques
S'élevant comme prétexte à l'ineptie

Euphorisant toutes les consternantes aliénations
Elle a porté au pinacle les faux sourires masqués
Elle a abaissé le désir de révolution
Extirpant le bon sens de la soif de Liberté

Rassurant avec tiédeur les plus fidèles esclaves
Elle a édifié la mort en blason
Elle a participé au grand mensonge du nouvel âge
Résultant sur une époque de bouffons

La passion

Seule la passion façonne les félicités des plus grands chemins
Sans elle, aucune candeur ne saurait effleurer nos lèvres et nos mains

Je t'ai vu tant de fois animer mon être en tout lieu
Je savais que tu guiderais tous mes choix sous le regard de Dieu

Seul ce ressenti qui pourrait se passer de mots donne un sens
Sans elle, la vision de la nature ne serait que robotique et senescence

Je t'ai éprise trop souvent dans mes bras sans équilibre
J'aurais voulu qu'un guide m'éloigne parfois de ton emprise

Seule cette lumière de vie peut nous sortir des ténèbres
Sans elle, il n'y a que la destruction fomentée par sa tendance inverse

Je t'ai enlacé des mes yeux couleur de terre sous l'auspice des espoirs
Je plongeais sans réserve dans tes promesses jusqu'à la fin des soirs

Seul ce mirage peut anéantir la peur de la mort et ériger des insurrections
Sans elle, il faudrait s'étourdir pour ne pas sombrer dans la déraison

Je t'ai embrassé par-delà les incertitudes et de toute mon âme
Je savais que le créateur se réjouirait de ma force au-delà du drame

L'immortalité

Tu le sais, rien en ce monde matériel ne te survivra
Or, la vraie richesse est celle qui émane de ton cœur
Ils ont voulu te cacher cette vérité par des myriades en fracas
Et ces ombres se sont ensevelies dans l'abysse où tout meurt

Tu le sais, l'Amour est la seule immortalité
Or, ce sublime sentiment n'est honoré qu'en étant concrétisé
Ils ont tenté de te détourner de sa primordiale chaleur
Et ces mannequins de cires articulés ne contempleront jamais ses fleurs

Tu le sais, l'immortalité divine est l'unique trésor des gens de Bien
Or, cette infinitude ne sera octroyée qu'aux diseurs de vérités
Ils se sont obstinés à te vilipender par des paroles de venin
Et ces inhumains ont creusé leur éternel brasier

Tu le sais, une œuvre intelligible est mieux qu'un édifice
Or, l'humanité croit désormais n'être ni homme ni femme
Ils ont brandis des drapeaux et trahis la loi divine
Et ces êtres divisés ont embrassé les lèvres de la maîtresse des flammes

C'est quand les choses vont mal, et que l'humanité a concrètement besoin d'aide, que certains ont le devoir de l'écrire...

Anthony Gimenez

Vérité, Honneur, Puissance de vie, Amour, et Divin.